まちごとチャイナ

Jiangsu 009 Lao Nanjing
南京旧城
南中国と「秦淮の世界」

Asia City Guide Production

【白地図】南京

CHINA
江蘇省

南京 Lao Nanjing 白地図

【白地図】南京市街

CHINA
江蘇省

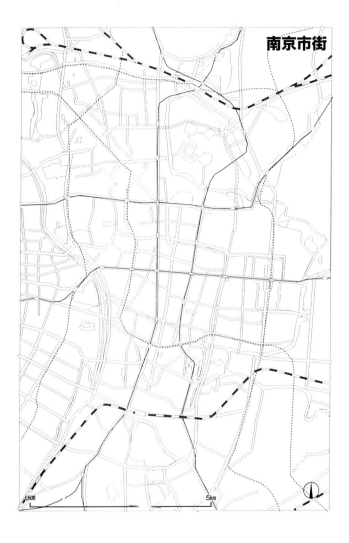

【白地図】中華路

【白地図】中華門

CHINA
江蘇省

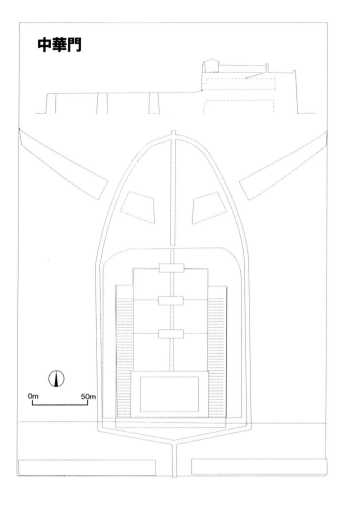

【白地図】秦淮

CHINA
江蘇省

秦淮

Lao Nanjing

白地図

【白地図】太平路

CHINA
江蘇省

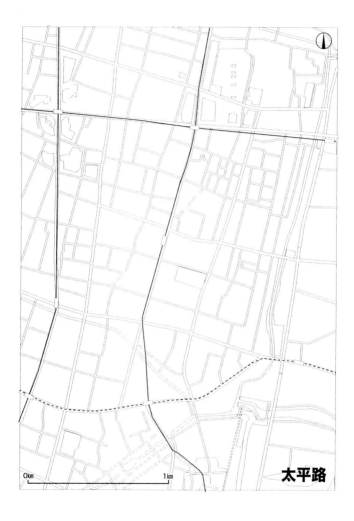

Lao Nanjing | 白地図

太平路

【白地図】南京市街中心部

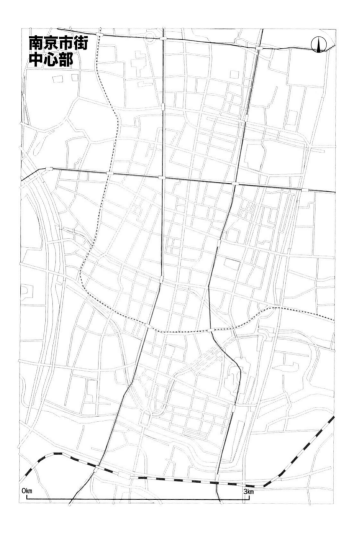

【白地図】新街口

CHINA
江蘇省

【白地図】新街口

CHINA
江蘇省

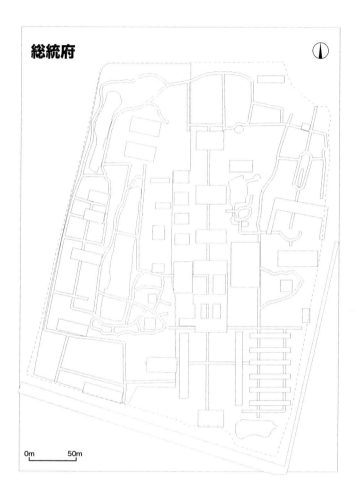

【白地図】長江路

長江路

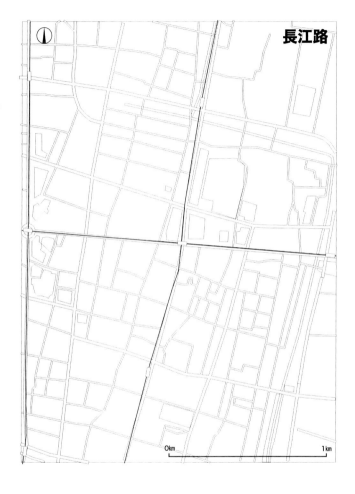

Lao Nanjing 白地図

【白地図】鼓楼

鼓楼

Lao Nanjing

白地図

【白地図】石頭城

CHINA
江蘇省

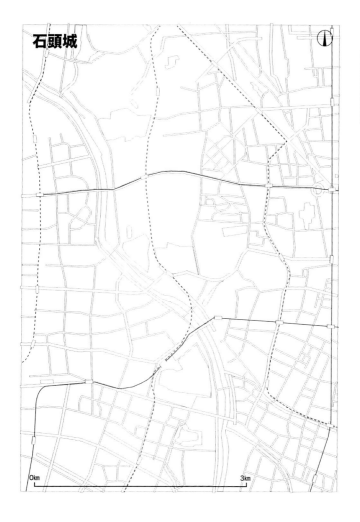

石頭城

Lao Nanjing 白地図

【白地図】朝天宮

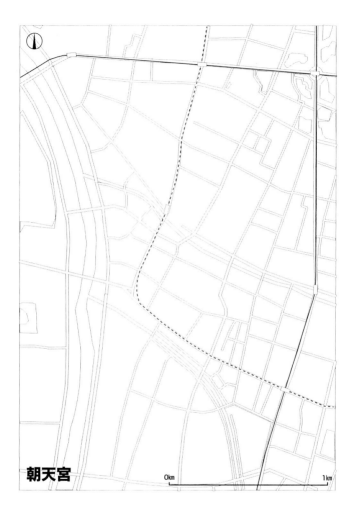

CHINA
江蘇省

【まちごとチャイナ】
江蘇省 001 はじめての江蘇省
江蘇省 002 はじめての蘇州
江蘇省 003 蘇州旧城
江蘇省 004 蘇州郊外と開発区
江蘇省 005 無錫
江蘇省 006 揚州
江蘇省 007 鎮江
江蘇省 008 はじめての南京
江蘇省 009 南京旧城
江蘇省 010 南京紫金山と下関
江蘇省 011 雨花台と南京郊外・開発区
江蘇省 012 徐州

中国が南北に分裂した六朝時代（3〜6世紀）、南唐、明初に都がおかれ、書画や芸術など雅な文化が育まれた南京。六朝貴族や文人、官吏は秦淮河に画舫を浮かべて詩を詠み、そばには美しい化粧をした妓女たちの姿があった。こうした妖艶な色気を漂わせる秦淮の世界は、南京を象徴する姿として知られている。

現在の城郭都市南京は、1368年、明を樹立した朱元璋によって築かれ、以後、北京に対する「南の都（南京）」の地位をしめた。明清時代を通じて、江南を統治する政治都市であった

南京旧城

老南京 lǎo nán jīng
ラオナンジン
Lao Nanjing

ことから、北京に対抗する南方の勢力は南京を目指し、ここに根拠地をおいている。

　清朝に対して反乱を起こした太平天国の都天京、また1911年の辛亥革命以後に国民政府（中華民国）の首都が定められるなど、近代以降は「革命の街」という性格も南京にあわさった。1949年の中華人民共和国成立後、首都は北京へ遷ったが、南京は南中国を代表する歴史、伝統を保有する都市となっている。

【まちごとチャイナ】

江蘇省 009 南京旧城

目次

南京旧城	xxviii
中華宇宙と江南風雅	xxxiv
中華門城市案内	xlv
秦淮城市案内	lxiii
熾烈をきわめた試験科挙	lxxvi
太平路城市案内	lxxxiii
新街口城市案内	xcv
総統府鑑賞案内	cv
長江路城市案内	cxviii
鼓楼城市案内	cxxxiv
石頭城城市案内	cxlix
朝天宮城市案内	clxi
秦淮のほとりで生まれた	clxxi

【MEMO】

【地図】南京郊外

CHINA
江蘇省

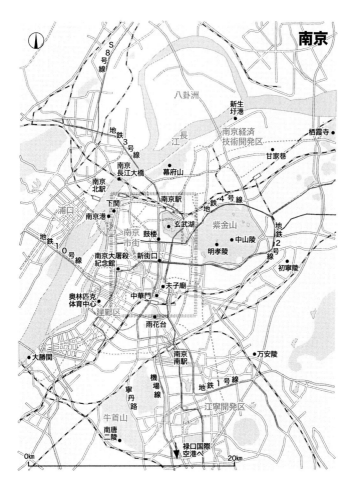

南京

Lao Nanjing

南京旧城

中華宇宙と江南風雅

CHINA
江蘇省

華北が戦乱で乱れたとき、漢族は南京に都を遷し
ここで洗練された文化を花開かせた
北京、西安、洛陽と肩をならべる十朝の都

中華の宇宙を体現

長江が街を抱くように流れ、市街に隣接して山や湖の位置する南京。東の鐘山（青龍）、西の石頭山（白虎）、南の中華門（朱雀）、北の玄武湖（玄武）はそれぞれ4つの方位を司る四神にあてられる。明初期、朱元璋による城郭は、南京の自然地形を利用して造営され、全部で13ある城門のうち、北東側の7つは「北斗七星」、南西側の6つは「南斗六星」と対応する。中国では北の空で不動の「北極星」を「皇帝」に見立て、その周囲をまわる「星や星座」を「朝廷や官僚」になぞらえ、こうした中国の宇宙観や世界観が南京城に生かされ

Lao Nanjing | 中華宇宙と江南風雅

ることになった(漢代から皇帝のいる都に天の姿を映すということが行なわれた)。

妖艶なる秦淮

晩唐の詩人杜牧が詠った『秦淮に泊す』(「煙は寒水を籠め 月は沙を籠む／夜 秦淮に泊して 酒家に近し／商女は知らず 亡国の恨み／江を隔てて 猶お唱う 後庭花」)でも知られる秦淮の世界。秦淮河のほとりに赤提灯をともす酒楼や遊廓がならび、文人たちは舟を浮かべ、着飾った妓女が音楽を奏でる華やかな世界が広がっていた。長安や北京の狭斜街(歓楽街)

CHINA
江蘇省

と異なる南京秦淮の特徴は、運河や水路の発達した江南の自然にあわせ、水辺にのぞんで河房（建物）や画舫（装飾をほどこした舟）が発達したことだという。この南京の秦淮は、谷崎潤一郎『秦淮の夜』や芥川龍之介『南京の基督』、佐藤春夫『秦淮画舫納涼記』にも描かれている。

南京城の変遷

最初期の南京城は、越の雨花台、呉の石頭城といったように高台に築かれた。その後の呉・東晋・宋・斉・梁・陳の六朝（3〜6世紀）の宮殿台城は鶏鳴寺の南側にあったとされ、古く

▲左 秦淮に浮かぶ画舫、美しい妓女の姿もあった。　▲右 中華門は明の朱元璋によって造営された南京旧城の正門

は華北の街と違って街の周囲をかんたんな竹垣で覆うものだった（山や河、湖といった自然の地形を防御機能とした）。時代がくだった南唐時代（937〜75年）、秦淮河を南の城壁にするなど街の位置が少し南に遷った。一方、1368年に明を建国した朱元璋は、それまでの歴代の宮殿や要塞を囲むように巨大な城壁をめぐらせ、紫金山に近い東部に紫禁城を築いた。この紫禁城のプランは、第3代永楽帝による北京遷都とともに北京の紫禁城に受け継がれている。

【MEMO】

CHINA
江蘇省

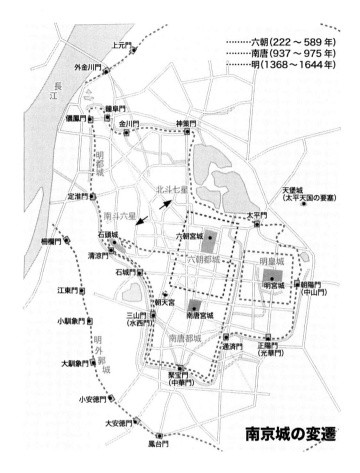

CHINA
江蘇省

南京の構成

北上してきた長江がちょうど東に流れを変える地に開けた南京の街。市街北部に玄武湖、東部には紫金山が位置するなど豊かな自然にあふれ、紫金山には「建国の父」孫文、「明の初代皇帝」朱元璋の陵墓がおかれている。明代、秦淮河沿いに築かれた中華門（聚宝門）は長らく南京の表玄関となり、その北側に位置する秦淮（内秦淮）は六朝貴族が邸宅を構え、明清時代に酒楼が軒を連ねた歓楽街だった。そこから中華路、中山南路、太平南路といった通りが南京市街の南北を結び、中心部の新街口にいたる。さらに北に進むと五叉路の鼓楼広

▲左　南京最大の繁華街、新街口。　▲右　数々の王朝が都を構えた十朝古都の南京

場が位置し、南京港にあたる下関に向かって斜めに中山北路が伸びている。現在は長江対岸の浦口や郊外に開発区がおかれ、地下鉄、道路といった交通網の整備も進んでいる。

【地図】南京市街

【地図】南京市街の [★★★]
- [ ] 中華門 中华门 チョンファアメン
- [ ] 総統府 总统府 ゾォントンフウ

【地図】南京市街の [★★☆]
- [ ] 瞻園（太平天国歴史博物館）瞻园 チャァンユゥエン
- [ ] 夫子廟 夫子庙 フウツウミャォ
- [ ] 鄭和紀念館 郑和纪念馆 ヂェンハアジイニィエングゥアン
- [ ] 新街口 新街口 シンジエコウ
- [ ] 鼓楼 鼓楼 グウロウ
- [ ] 鶏鳴寺 鸡鸣寺 ジイミンスー
- [ ] 朝天宮 朝天宫 チャオティエンゴォン
- [ ] 石頭城 石头城 シイトォウチャン

【地図】南京市街の [★☆☆]
- [ ] 中山路 中山路 チョンシャンルウ

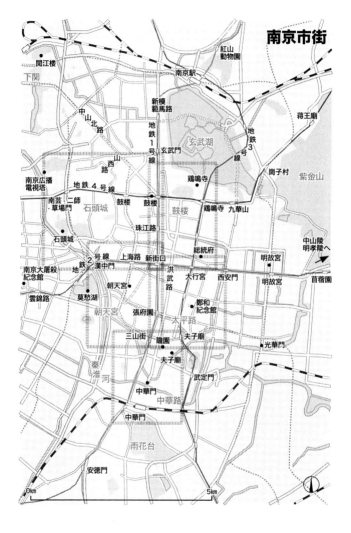

【MEMO】

Guide,
Zhong Hua Men
中華門
城市案内

南京旧城の正門にあたった中華門
秦淮河(外秦淮)に面して城郭が続き
世界を代表する城郭都市のたたずまいを見せる

中華門 中华门 zhōng huá mén チョンファアメン [★★★]
中華門は南京に都をおいた明朱元璋の命で、洪武年間(1368〜98年)に建設された南京城の正門。南北128m、東西118.45 m、高さ21.45mの規模をもつ巨大な城門となっていて、この門から両側に世界最大規模の城壁が続いている。中華門には最大3000人の兵士を収容する27の蔵兵洞が残り、門は四重の堅牢な構造をもつ(夜には城門は閉ざされ、鉄壁の守りを誇った)。またこの中華門外に秦淮河が流れ、長江から水西門を通って運ばれた米の集散地となっていた。明清時代は「聚宝門(宝を集める門)」と呼ばれていたが、1911

【地図】中華路

【地図】中華路の [★★★]
- ☐ 中華門 中华门 チョンファアメン

【地図】中華路の [★★☆]
- ☐ 瞻園(太平天国歴史博物館) 瞻园 チャァンユゥエン
- ☐ 夫子廟 夫子庙 フウツウミャオ

【地図】中華路の [★☆☆]
- ☐ 南京城壁 南京城墙 ナンジンチャンチィアン
- ☐ 秦淮河(外秦淮) 秦淮河 チンファイハア
- ☐ 大報恩寺 大报恩寺 ダアバオアンスー
- ☐ 中華路 中华路 チョンファアルウ
- ☐ 南京水遊城 南京水游城 ナンジンシュイヨウチャン

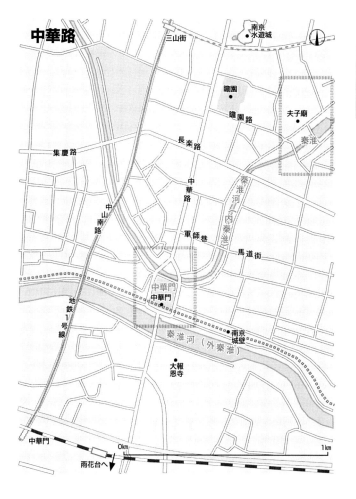

【地図】中華門

【地図】中華門の [★★★]
- [ ] 中華門 中华门 チョンファアメン

【地図】中華門の [★☆☆]
- [ ] 南京城壁 南京城墙 ナンジンチャンチィアン
- [ ] 秦淮河（外秦准）秦淮河 チンファイハア

中華門

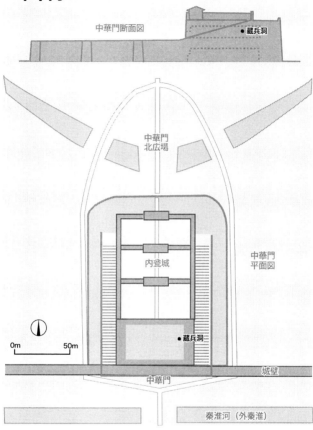

中華門断面図
蔵兵洞
中華門北広場
内瓮城
中華門平面図
蔵兵洞
0m 50m
城壁
中華門
秦淮河（外秦淮）

Lao Nanjing / 中華門城市案内

江蘇省

年の辛亥革命にあたって「中華門」と命名された。

南京城壁 南京城墙
nán jīng chéng qiáng ナンジンチャンチィアン　[★☆☆]

1366年から20年の月日をかけて完成された南京城壁の全長は33.7kmに達し、南京は当時、世界最大の城郭都市であった。中国の伝統では、長安や洛陽、北京のように方形の城郭が一般的だったが、その原則とは異なり、地形にあわせるように城壁が走る（北斗七星と南斗六星が組みあわさっている）。城壁の高さは14〜21mで、花崗岩の基礎に焼成レンガの磚

▲左 鉄壁の構えを見せる中華門。　▲右 城門上部には大砲が備えられている

（せん）で組みあげられている。この膨大な数の磚はひとつ長さ40〜45㎝、高さ11㎝、幅20㎝の大きさをもち、中華門外にあった雨花台の官営窯場で焼かれていた。宋元以来、財をたくわえていた江南の商人（とくに蘇州商人）の財産が転用され、城壁の造営と商人の力をそぐふたつの目的が達成された。

CHINA
江蘇省

秦淮河（外秦淮）秦淮河
qín huái hé チンファイハア [★☆☆]

秦淮河は南京の街を育んだ母なる河（全長110km）。東の宝華山と、南の東盧山からの流れが南京郊外の秣陵関で合流して南京市街を通り、やがて長江にそそぎこむ。市街部では、南京旧城南東部から城内部に入る内秦淮、護城河の役割を果たす城外の外秦淮にわかれ、両者は再び合流する。

▲左　南京の街を育んできた秦淮河、護城河の役割も果たす。　▲右　大報恩寺の瑠璃塔は世界7不思議にもあげられた

始皇帝が恐れた風水

秦淮河という名前は、紀元前210年、東巡の際に南京を訪れた秦の始皇帝に由来する。「500年後、（山が金色に輝き、紫色の気が立ちのぼる）南京から王者が生まれる」と耳にした始皇帝は、濠（秦淮河）を掘削して地脈を断った。そのうえ当時、「金陵」と呼ばれていた南京の地名を「秣陵」に変更させ、棲霞山あたりで長江を渡って都（西安）へ帰ったという。229年、呉の孫権は南京に都をおいたもの、500年には少し足りず、317年に建国された東晋の元帝司馬睿が予言された王者だと見られている。

江蘇省

大報恩寺 大报恩寺 dà bào ēn sì ダアバオアンスー［★☆☆］
中華門外に立つ大報恩寺は、永楽帝時代の1412年に創建され、以来、南京を代表する古刹と知られてきた。霊谷寺、天界寺とともに南京三大仏教寺院の一角をしめ、南京に邸宅を構えた鄭和が伽藍や宝塔の改修にあたったという（明清時代、大報恩寺の保存する木版大蔵経を印刷して頒布するということが行なわれた）。とくにそびえ立つ大報恩寺の瑠璃塔は中国でもっとも美しい楼閣と言われ、「世界七奇の一」にあげられるほどだった。これらの伽藍は1856年、太平天国の乱で消失したが、現在は再建が進んでいる。南朝梁の武帝

Lao Nanjing

中華門城市案内

は464年に大報恩寺近くの秣陵県同夏里の三橋宅で生まれたという話、また1942年、大報恩寺跡から分骨されていた玄奘三蔵の遺骨が日本軍の手によって見つかったといった話も伝わっている。

中華路 中华路 zhōng huá lù チョンファアルウ ［★☆☆］
中華門から市街中心の新街口へ伸びる中華路は、明代以来の商業地で、あたりには夫子廟、太平路などが位置する（また南唐時代は宮廷南正面の御道となっていた）。明の朱元璋は江南各地から南京へ商人や職人を移住させ、職業ごとに街区

をつくったと伝えられる。明清時代、中華門外は運河や河川を通じて運ばれる物資の集散地となっていて、そこで陸揚げされた物資が中華路へと運ばれた。また南京雲錦を織る職人の工房は中華門界隈に集まっていたという。

瞻園（太平天国歴史博物館）瞻园
zhān yuán チャァンユゥエン［★★☆］

瞻園は「金陵第一園（南京一の庭園）」と呼ばれる南京を代表する園林で、明清時代を通じて皇帝や王族に親しまれてきた。古くは明建国以前の1356年、南京を攻略した朱元璋（呉

▲左 「金陵第一園(南京一の庭園)」の瞻園。　▲右　太平天国時代の調度品や服装が展示されている

王時代)の邸宅が構えられ、南京紫禁城の完成とともに中山王徐達の花園となった。清代、南巡してこの地を訪れた乾隆帝(1711〜99年)は「瞻園」の二文字を記し、以後、この名前が定着した。清朝布政使の公館となったのちの太平天国時代(1853〜64年)、洪秀全につぐ力を誇った東王楊秀清の王府がおかれていたことから、現在は太平天国歴史博物館として開館している。太平天国の官服「団竜馬掛」、翼王石達開の使用した「護封銅印」はじめ太平天国に関する展示が見られる。

CHINA
江蘇省

太平天国と楊秀清

広西の客家を出身とする洪秀全（1814〜64年）は科挙に落ち続けるなか、受験先の広州でキリスト教の教えに出会った。1851年、自らを天王と称して太平天国を樹立すると、ヤハヴェを「上帝」、キリストを「長兄」、洪秀全を「次兄」と体系づけ、孔子や儒教を攻撃し、異民族の満州王朝を妖魔とした。広西の貧しい農民反乱からはじまった太平天国が南京を都として清朝と渡りあえたのは、その行政機構と指導部の優秀さにあったという（天王洪秀全を中心に東王、西王、南王、北王などの司令官がいて、彼らの邸宅は南京におかれた）。

瞻園の主であった楊秀清は、前期太平天国で洪秀全につぐ地位にあり、50万人をひきいる軍司令官、また上帝ヤハヴェのお告げを伝える役（「天父下凡」）をになった。その力は天王洪秀全にならぶほどになり、1856年、楊秀清はクーデターで殺害された。太平天国はその後、1864年まで続いたが、やがて清朝によって滅ぼされた。

江蘇省

鳳凰が舞い降りた鳳凰台

現在の南京旧城南西部には鳳遊寺という地名が残り、鳳凰が降臨したという話が残っている。南朝宋文帝の437年、2羽の大きな鳥がすももの木にとまり、その鳥は5色の輝きを放っていた。この鳥が飛び立つとあたりの鳥が従って飛んでいったことから、「天からの使者」鳳凰のための鳳凰台が建てられた。六朝時代、南京中心部からこの地は郊外にあたり、永昌里という地名から鳳凰里と呼ばれるようになった。

【MEMO】

Guide, Qin Huai
秦淮城市案内

孔子をまつった夫子廟
科挙が行なわれた江南貢院
中国を代表する色街と知られた秦淮の世界

夫子廟歩行街 夫子庙步行街
fū zǐ miào bù xíng jiē フウツウミャオブウシンジエ[★★★]

秦淮河（内秦淮）のほとりには、学問の神様孔子をまつる夫子廟を中心に、六朝貴族の住んだ烏衣巷、科挙の貢院が位置する。料理店、茶楼、劇場など数百と言われる店舗が軒を連ね、夜、提灯が妖艶な赤色を放つ秦淮は、中国を代表する色街と知られた（孔子廟や貢院に訪れる文人と、彼らの遊ぶ花柳街が一体となっていた）。この南京秦淮のにぎわいは江戸時代の日本でも知られ、娼婦宋金花を中心とする芥川龍之介の小説『南京の基督』の舞台にもなっている。秦淮河をはさ

【地図】秦淮

【地図】太平路の [★★★]
- [ ] 夫子廟歩行街 夫子庙步行街 フウツウミャオブウシンジエ

【地図】太平路の [★★☆]
- [ ] 夫子廟 夫子庙 フウツウミャオ
- [ ] 江南貢院 江南贡院 ジィアンナンゴォンユュエン

【地図】太平路の [★☆☆]
- [ ] 烏衣巷 乌衣巷 ウウイイシイアン
- [ ] 李香君故居 李香君故居 リイシィアンジュングウジュウ
- [ ] 桃葉渡 桃叶渡 タオユュエドゥウ
- [ ] 白鷺洲公園 白鹭洲公园 バイルウチョウゴォンユュエン

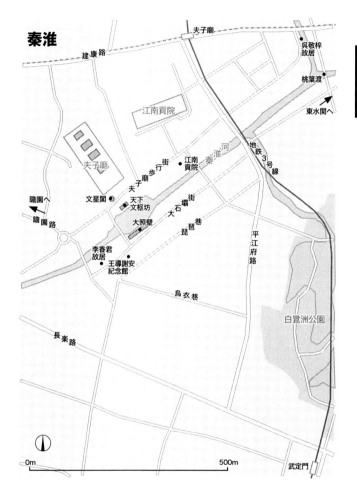

CHINA
江蘇省

んで北側に夫子廟や江南貢院などの文教施設、南側に妓女たちの暮らす遊廓があったが、現在は夫子廟歩行街として整備されている。

夫子廟 夫子庙 fū zǐ miào フウツウミャオ［★★☆］

南京夫子廟には「学問の神様」孔子がまつられ、その門前には2匹の龍が描かれた大照壁、科挙の合格祈願をした六角形のプランをもつ文星閣、牌坊の天下文枢坊が見られる。この南京夫子廟は、東晋の337年に開かれた国立大学を前身とし、宋代の1034年に夫子廟が建てられた（中国の都市では、「学

▲左 「学問の神様」孔子をまつった夫子廟。　▲右　夫子廟歩行街に立つ文星閣

問の神様」をまつる孔子廟、「武の神様」をまつる関帝廟が必ずおかれた)。孔子の唱えた儒教的価値感によって長らく国がおさめられてきたことから、中国の文人官吏や学問を志す者などがこの廟に参拝してきた。夫子廟内には孔子像、大成殿、明徳堂、尊経閣が軸線上にならび、夫子とは孔子の敬称を意味し、教育者として孔子を強調した呼びかたとなっている。

CHINA
江蘇省

江南貢院 江南贡院
jiāng nán gòng yuàn ジィアンナンゴォンユゥエン［★★☆］

中国では隋代以来、科挙を通じて人材（官吏）をつのり、官吏は莫大な富を手にできたことから、その試験は熾烈をきわめた。この江南貢院では、3年に一度、三段階ある科挙のなかで最初の郷試（地方試験）が行なわれた。郷試にあたっては、2万人もの受験生が集まり、幅1mほどの宿舎で寝食しながら問題にあたった。貢院には明遠楼と呼ばれる高層楼閣が残り、ここで試験官は不正がないかを見張り、受験生への合図を送った。江南一帯は中国でもっとも豊かな地で、文化

▲左　六朝門閥貴族が邸宅を構えたという烏衣巷。　▲右　このような状況で受験生は試験を解いた

も発達していたことから、江南貢院での試験は中国屈指の激戦になっていたという。受験生は試験が終わると、酒楼へと繰り出していった。

烏衣巷 乌衣巷 wū yī xiàng ウウイイシイアン［★☆☆］

三国呉、東晋、宋、斉、梁、陳といった六朝（3〜6世紀）の都は、いずれも南京におかれていた。六朝時代の実質的な支配者となっていた門閥貴族のなかでも、烏衣巷にはとくに家柄の高い王氏や謝氏が邸宅を構えていた（王導や謝安の子弟たちは、官職を世襲した）。詩文をつくって書画をしたた

め、音楽や酒を愉しんだこれら風流人は烏衣巷に住む「烏衣郎」と呼ばれていた。烏衣という地名は、呉代の禁衛軍(近衛軍)の軍営のなかの烏衣営に由来するとも、ある人が黒い服を着た烏衣国の娘を妻としてこの地に戻ってきたからだとも言う。六朝貴族にまつわる王導・謝安紀念館が開館している。

李香君故居 李香君故居
lǐ xiāng jūn gù jū リイシィアンジュングウジュウ［★☆☆］
明末、秦淮に生きた妓女の李香君が暮らした媚香楼が再現された李香君故居。李香君は秦淮の名妓李貞麗の養女として育てられ、艶やかな着物や化粧、その美しさやたしなみから「色里一の位」と呼ばれていた（明末の妓女たちは文人や武人に愛され、李自成軍のもとに落ちた愛妃陳円円をとり戻すため、呉三桂は清軍に降ったことも知られる）。この李香君故居は通りに面して料理店の前院、中院をはさんで秦淮河に面した後院へと続く河房建築の様式をもつ。

CHINA
江蘇省

桃葉渡 桃叶渡 táo yè dù タオユゥエドゥウ ［★☆☆］

王羲之の子で六朝貴族の王献之（344～388年）がその愛妾桃葉を迎えたという桃葉渡。王献之の恋歌「桃葉復た桃葉／江を渡るに楫を用いず／但だ渡れ 苦しむ所なし／我自ら汝を迎接せん」で知られる（六朝貴族は歌姫や舞姫をそばにおき、王献之は桃葉との恋を『桃葉歌』で詠った）。紅楼夢とならぶ清代の小説『儒林外史』の著者の呉敬梓故居も近くに位置する。

▲左　王献之と愛妾桃葉の恋が伝えられる秦淮。　▲右　秦淮を代表する妓女李香君が暮らした媚香楼（李香君故居）

白鷺洲公園 白鹭洲公园 bái lù zhōu gōng yuán
バイルウチョウゴォンユゥエン [★☆☆]

秦淮の南東に広がる白鷺洲公園。明代の中山王徐達の邸宅東花園がおかれていたところで、公園として開放されている。白鷺洲は長江にあった中洲（莫愁湖近く）で、長江の堆積による陸地化でなくなり、公園の名前として使われることになった。

CHINA
江蘇省

東水関 东水关
dōng shuǐ guān ドンシュイグゥアン［★☆☆］

南京城に入る秦淮河のための水門がおかれていた東水関。秦淮河（内秦淮）と護城河（外秦淮）、青渓などの水路が交わるこのあたりに、六朝貴族や明清官吏が住居を構えていた。近くには谷崎潤一郎『秦淮の夜』や佐藤春夫『秦淮画舫納涼記』に登場する釣魚巷も位置する。

明代、南京の繁栄

明朝はじまりの地である南京は、北京に遷都されたあとも国の副都がおかれ、南京を中心とした南直隷は中国でもっとも豊かな地方だった。明代（1368〜1644年）、江南の商工業発達を受けて、南京では造船や建築、印刷や紡織といった分野でめざましい成果をあげていた。また竹の骨組みに紙をはった提灯の秦淮灯彩などの伝統は現在にも受け継がれている。

熾烈をきわめた試験科挙

CHINA 江蘇省

科挙は清朝末期の20世紀初頭に廃止されるまで
1300年続いた中国の試験
成功者を目指して熾烈な戦いが繰り広げられた

科挙とは

3～6世紀の六朝時代は、門閥貴族の家柄で官位が世襲されていたが、続く隋代、広く試験を行なって官吏を選ぶ方法(実力主義の科挙)がはじめられた。科挙には郷試・会試・殿試の3段階の試験があり、最後の殿試では皇帝が直接試験を行なった。これらの試験は『四書五経』などの儒教経典の知識や詩文創作の優劣で合否が決まり、江南貢院で行なわれた郷試は1%という合格率だった(明清時代、2万人もの受験者がいて、200人程度の合格者が北京で行なわれる次の試験へ進めた)。官吏になれば将来の道が開けたことから、一族総

Lao Nanjing

熾烈をきわめた試験科挙

出で勉強を応援したり、貧困にあえぎながら科挙を受け続ける者も多かった。

試験の様子

3年に一度、8月9日〜16日のあいだ1週間かけて行なわれた科挙の地方試験「郷試」。カンニングなどの不正を防止するため、貢院と外部は一切、遮断され、受験生は監禁状態におかれた。2万人の受験生が貢院に入場するのに1日かかり、第1の門と第2の門で、入念にもちものがチェックされ、まんじゅうの餡まで調べられた（それでも衣服に経書を記した

CHINA
江蘇省

り、豆本がもちこまれたという)。そこから295棟、2万644室あった号房へ配置され、号房は幅1mほどの開放型個室となっていた。ここで受験生は寝食をしながら試験に向かい、試験官の監視のもと、あたえられた試験の解答を1週間かけてつくった。

▲左　受験生を監督する清朝の試験官。　▲右　太鼓を鳴らして合図した

妓楼で祝宴をあげる

秦淮の妓楼の客には、科挙の受験生や官吏が多かったと言われ、科挙の合格者は秦淮で派手に宴を催した（受験のときに通う者、妓楼で涙を流す不合格者も多かったという）。妓女たちは米のおしろいを使い、ベニバナで口紅を、ペルシャ製の螺子黛でまゆを描いて化粧し、漢方や入浴で肌を美しく保って男たちの心を惹きつけた。妓楼にいる妓女は、文人たちを相手にしたため教養も高く、最新のファッションを身にまとって歌や舞で客をもてなした。

【MEMO】

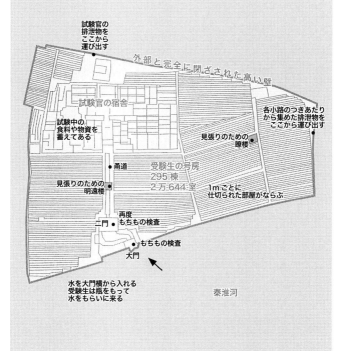

Guide, Tai Ping Lu
太平路城市案内

夫子廟から新街口にかけて走る太平路
都市南京の歩みを思わせる
鄭和紀念館や金陵刻経処が残る

三山街 三山街 sān shān jiē サンシャァンジエ ［★☆☆］
三山街は現在の建康路と中華街の交差点あたりにあった商業地で、明代の南京を代表するにぎわいを見せていた。「九軌を容れうる（9両の車が横ならびに通れる）」という規模だったが、やがて道端は露店で埋まり、大通りは路地になったという。またちょうど南唐(937～975年)の宮殿の正門にあたった場所で、ここから南に向かって御道が続いていた。

浄覚寺 浄覚寺 Jìng jué sì ジンジュエスー ［★☆☆］
浄覚寺は三山街近くに立つイスラム寺院（モスク）。1388年、

【地図】太平路

【地図】太平路の [★★★]
- [ ] 総統府 总统府 ゾォントンフウ

【地図】太平路の [★★☆]
- [ ] 鄭和紀念館 郑和纪念馆 ヂェンハアジイニィエングゥアン
- [ ] 長江路 长江路 チャンジィアンルウ
- [ ] 瞻園（太平天国歴史博物館）瞻园 チャァンユゥエン
- [ ] 夫子廟 夫子庙 フウツウミャオ
- [ ] 新街口 新街口 シンジエコウ

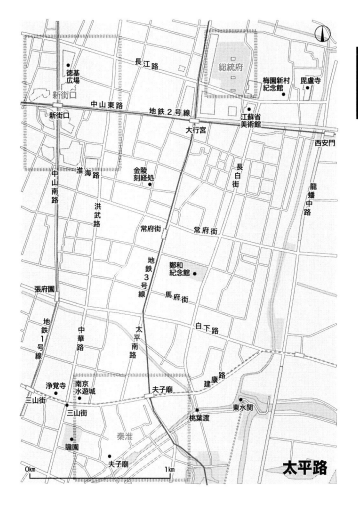

【地図】太平路

【地図】太平路の [★☆☆]

- ☐ 三山街 三山街 サンシャァンジエ
- ☐ 浄覚寺 净觉寺 ジンジュエスー
- ☐ 南京水遊城 南京水游城 ナンジンシュイヨウチャン
- ☐ 太平路 太平路 タイピンルウ
- ☐ 馬府街 马府街 マアフウジエ
- ☐ 金陵刻経処 金陵刻经处 ジンリンカアジンチュウ
- ☐ 中山路 中山路 チョンシャンルウ
- ☐ 徳基広場 德基广场 ダァジイグゥアンチャン
- ☐ 大行宮 大行宫 ダアシンゴォン
- ☐ 江蘇省美術館 江苏省美术馆
  ジィアンスーシェンメイシュウグゥアン
- ☐ 梅園新村紀念館 梅园新村纪念馆
  メイユゥエンシンチュンジイニィエングゥアン
- ☐ 毘盧寺 毗卢寺 ピイルウスー
- ☐ 桃葉渡 桃叶渡 タオユゥエドゥウ
- ☐ 東水関 东水关 ドンシュイグゥアン

【MEMO】

CHINA
江蘇省

明初代洪武帝によって創建され、その後、消失したのち、近くに邸宅を構えていた鄭和（1371 ～ 1434年ごろ）によって再建されたという。

南京水遊城 南京水游城
nán jīng shuǐ yóu chéng ナンジンシュイヨウチャン[★☆☆]
南京水遊城（南京アクアシティ）は、中華路に面した地下2階、地上5階の複合商業施設。ファッション、レストランから映画館にいたるまで200の店舗がならび、日本企業も進出する。地下では人工運河の流れる空間演出も見られる。

太平路 太平路 tài píng lù タイピンルウ ［★☆☆］

南京中心部を、中華路に平行して南北に走る太平路。20世紀初頭、上海の南京路とならび称されるほどの繁華街だったという。現在は中華民国時代の建築が見られるほか、北の太平北路界隈にはオフィスビルが林立している。

鄭和紀念館 郑和纪念馆 zhèng hé jì niàn guǎn
ヂェンハアジイニィエングゥアン ［★★☆］

明の永楽帝時代、東南アジアからインド、東アフリカにいたる大航海を行ない、明朝の威光を知らしめた鄭和。1405年

CHINA
江蘇省

にはじまった航海は、62隻の船団、2万8000人の乗組員という規模で、30年間で7度の航海が実施された。船体の長さ140m、幅57m、マスト9本の鄭和の宝船は明の副都南京でつくられ、現在の南京下関から長江をくだって蘇州劉家港へいたり、そこから大海原へと繰り出した（ヴァスコ・ダ・ガマやコロンブスよりも、船団の規模ははるかに大きく、船の性能もはるかに進んだものだった）。鄭和はこの航海で南海諸国に明朝への朝貢を呼びかけ、アフリカの動物キリンを中国にもち帰っている。永楽帝の死後、航海がとりやめられると、鄭和は南京守備の任につき、艦隊をひきいて長江流域

▲左 インドから東アフリカへ、大航海を行なった鄭和。　▲右 太平南路で見たレストラン

の治安維持にあたった。鄭和紀念館は鄭和の邸宅があったという場所の近くに開館し、その航海にまつわる展示がならんでいる。

馬府街 马府街 mǎ fǔ jiē マアフウジエ ［★☆☆］

馬府街は鄭和（1371〜1434年ごろ）の邸宅がおかれていた場所で、馬府という名前は鄭和の本名「馬和」にちなむ。中国のイスラム教徒（回族）は教祖ムハンマドの音から馬姓を名乗ることが多く、鄭和の一族は明に先立つ元代、雲南省で暮らしていた（モンゴルの元では、イスラム教徒が行政に

江蘇省

あたった)。やがて明軍の捕虜となった鄭和は、宦官となり、南京から北京に送られ、靖難の変で軍功をあげるなど第3代永楽帝のもとで頭角をあらわした。鄭和は宦官だったため子孫を残すことはできなかったが、兄の子が鄭氏を名乗って子孫は代々、南京に暮らすことになった。

金陵刻経処 金陵刻经处
jīn líng kè jīng chù ジンリンカアジンチュウ [★☆☆]
太平南路から西に入った淮海路に残る金陵刻経処。刻経とは仏教の経典を版木に彫ることで、南京（金陵）では六朝時代

から仏教経典を漢訳し、その経典を普及させる伝統があった（縦が太く横の細い明朝体は、版木を縦と横といった複数の職人で彫る分業作業の過程で生まれたという）。この金陵刻経処は清代末期、安徽省出身の楊仁山によってはじめられ、仏教経典の印刷や版木の収蔵にあたってきた。清末、南京に赴任した変法の思想家譚嗣同（1865〜98年）はここで仏教経典を読み、『仁学』を記したという。

【MEMO】

Guide, Xin Jie Kou
新街口城市案内

南京市街のちょうど中心にあたる新街口
銀行、金融機関やショッピングモールが集まり
多くの人が行き交う南京最大の繁華街

新街口 新街口 xīn jiē kǒu シンジエコウ ［★★☆］
新街口は市街南北と東西を結ぶ主要幹線の交わる交差点で、円形ロータリーの周囲には中国工商銀行や金陵飯店、南京国際金融中心がならぶ。21世紀に入ってから高層ビルや大型ショッピングモールが建ち、南京屈指のにぎわいを見せている。このあたりは中華民国時代、官公庁と住民居住区に隣接する商業地として開発が進み、以来、繁華街となった（中国工商銀行は、日本の傀儡だった汪精衛政権の中央銀行、中央儲備銀行本店の建物を使っている）。

【地図】南京市街中心部

【地図】南京市街中心部の ［★★★］
- [ ] 中華門 中华门 チョンファアメン
- [ ] 総統府 总统府 ゾォントンフウ

【地図】南京市街中心部の ［★★☆］
- [ ] 瞻園（太平天国歴史博物館）瞻园 チャァンユゥエン
- [ ] 夫子廟 夫子庙 フウツゥミャオ
- [ ] 鄭和紀念館 郑和纪念馆 ヂェンハアジイニィエングゥアン
- [ ] 新街口 新街口 シンジエコウ
- [ ] 鼓楼 鼓楼 グウロウ
- [ ] 朝天宮 朝天宫 チャオティエンゴォン
- [ ] 鶏鳴寺 鸡鸣寺 ジイミンスー

【地図】南京市街中心部の ［★☆☆］
- [ ] 秦淮河（外秦淮）秦淮河 チンファイハア
- [ ] 大報恩寺 大报恩寺 ダアバオアンスー
- [ ] 東水関 东水关 ドンシュイグゥアン
- [ ] 三山街 三山街 サンシャァンジエ
- [ ] 太平路 太平路 タイピンルウ
- [ ] 中山路 中山路 チョンシャンルウ
- [ ] 大行宮 大行宫 ダアシンゴォン
- [ ] 水西門 水西门 シュイシイメン

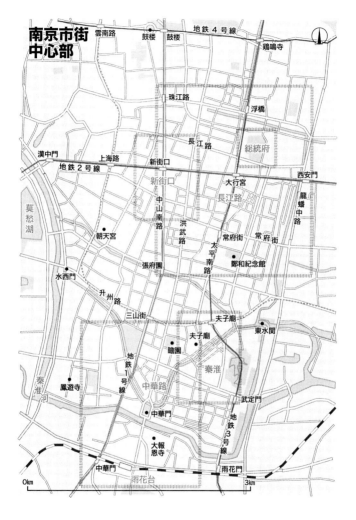

【地図】新街口

【地図】新街口の [★★☆]
- [ ] 新街口 新街口シンジエコウ
- [ ] 長江路 长江路チャンジィアンルウ

【地図】新街口の [★☆☆]
- [ ] 孫文像 孙文像ソゥンウェンシィアン
- [ ] 中山路 中山路チョンシャンルウ
- [ ] 徳基広場 德基广场ダァジイグゥアンチャン
- [ ] 金鷹国際購物中心 金鹰国际购物中心 ジンイングゥオジイゴオウチョンシン
- [ ] 石鼓路天主堂 石鼓路天主堂 シイグウルウティエンチュウタン

CHINA
江蘇省

孫文像 孙文像
sūn wén xiàng ソゥンウェンシィアン ［★☆☆］

新街口に立つ「中国革命の父」孫文の銅像（清朝を倒した辛亥革命後、南京で中華民国が樹立された）。孫文の銅像については、孫文を支援した日本の梅屋庄吉による4体の銅像が知られ、1929年以後、送られた銅像のひとつが新街口に立っていた。そのときのものは中山陵にあり、現在の新街口のものは新たにつくられた銅像となっている。

▲左　新街口では夜遅くまで人が絶えない。　▲右　南京は江蘇省省都という顔ももつ

中山路 中山路 zhōng shān lù チョンシャンルウ ［★☆☆］

中山路は南京港下関から新街口をへて市街東部の中山陵へと続く。この道は北京で客死した孫文の遺体を、紫金山で国葬するために整備されたもので、孫文（孫中山）の名前をとって中山路と名づけられた。1928年に完成した南京ではじめてのアスファルト道路だった。

徳基広場 徳基广场
dé jī guǎng chǎng ダァジイグゥアンチャン ［★☆☆］

オフィスとアパレル、雑貨、化粧品、レストランなどのテナ

ントなどからなる徳基広場（Deji Plaza）。南京を代表する複合商業施設で、最先端の流行やファッションを発信している。徳基広場1期と2期のふたつがあり、1期は地上7階、その北側に立つ2期は62階になる。

金鷹国際購物中心 金鹰国际购物中心 **jīn yīng guó jì gòu wù zhòng xīn ジンイングゥオジイゴウウチョンシン[★☆☆]**
新街口の西に立つ6階建ての金鷹国際購物中心（Golden Eagle）。ファッション、雑貨、化粧品などをあつかう店舗が入居する。

南京料理

中国各地から官吏の集まる都市だった南京では、金陵菜や京蘇菜と呼ばれる料理が発達し、江蘇料理の一角をしめている。南京の料理は口あたりがまろやか、薄味で、塩や醤油を使って味つける。代表的な料理にアヒルを塩と調味料で煮た南京板鴨（北京ダックのもととなったという南京ダック）、長江の淡水魚を調理した魚料理が知られる。また菊やクコなどの生薬を料理にとり入れた菊花脳、構杞頭、馬蘭頭のほか、秦淮八絶などの小吃（軽食）も親しまれている。

【MEMO】

Guide, Zong Tong Fu
総統府鑑賞案内

清代、両江総督の治所、太平天国の天王府をへて
辛亥革命後に孫文の執務室がおかれた総統府
南京政治の中心となってきた

総統府 总统府 zǒng tǒng fǔ ゾォントンフウ ［★★★］

総統とは中華民国（1912〜49年）の最高官職を指し、北京の清朝を倒した辛亥革命後、孫文は総統府で執務を行なった。この地はもともと明代の皇族の邸宅があった場所で、清代には江南地方を統治する両江総督の治所だった。こうした経緯から、南京を陥落させた農民反乱の太平天国時代、天王洪秀全はここに宮殿天王府をおいた（太平天国が鎮圧されると、再び、両江総督の治所となった）。1912年、民族主義・民権主義・民生主義の「三民主義」をかかげた孫文は、臨時大総統に就任して総統府で執務をとったが、わずか3か月で袁世

【地図】総統府

【地図】総統府の [★★★]
- [ ] 総統府 总统府ゾォントンフウ

【地図】総統府の [★★☆]
- [ ] 長江路 长江路チャンジィアンルウ

【地図】総統府の [★☆☆]
- [ ] 中綫 中线チョンシィアン
- [ ] 西綫 西线シイシィアン
- [ ] 東綫 东线ドンシィアン

総統府

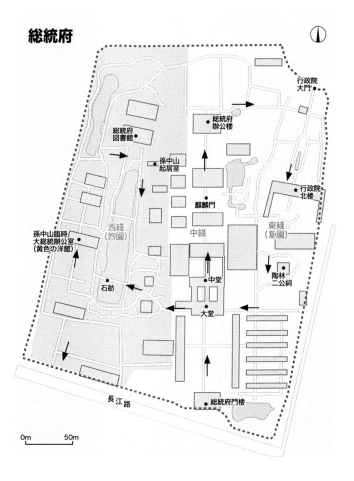

Lao Nanjing | 総統府鑑賞案内

CHINA
江蘇省

凱にその座をゆずり、「革命いまだならず」の言葉を残してなくなっている。以後、蒋介石の南京国民政府(1927〜37年、46〜49年)、日本統治時代(1937〜45年)と南京の行政府は総統府におかれていた。

中山服と中華民国の旗

中華人民共和国の成立後に人々が着ていた人民服は、もともと孫文のデザインした中山服を前身とする。軍服に似たこの服は、4つのポケット、5つのボタンに詰め襟カラーでネクタイの必要がなく、孫文や毛沢東、周恩来らも愛用した。ま

▲左　孫文や蔣介石が執務をした中華民国の総統府。　▲右　孫文らの革命は2000年以上続いた皇帝の独裁体制を終わらせた

た孫文は辛亥革命以前から、青地に白の太陽の「青天白日旗」を使っていたが、辛亥革命では漢族、満州族、蒙古族、回族、チベット族を象徴する「五色旗」が正式に使われた。それに対して、世界の自由、平等、博愛を意味する赤色の地をくわえて青天白日旗を左上に寄せた「青天白日満地紅旗」が1928年以降、「五色旗」に替わって中華民国の国旗として使われるようになった（「青天白日満地紅旗」は現在の台湾でも使われている）。

江蘇省

中綫 中线 zhōng xiàn チョンシィアン ［★☆☆］

1929年に創建された総統府門楼からなかに入ると、主要建築が軸線上にならぶ。赤い列柱に孫文の「天下為公」の扁額が見える大堂（太平天国の天王洪秀全の金龍殿があった）、外国の使節とのレセプションが開かれた二堂、麒麟門へと続いていく。これらの主要建築は1864年に太平天国天王府が焼き払われたのち、1870年に清朝両江総督衙門として再建されたもので、1912年1月1日、中華民国建国の儀式はここで行なわれた。

▲左　総統府の中心部にあたる大堂。　▲右　清代、ここは両江総督の治所となっていた

太平天国の都天京

広西から攻めあがった太平天国軍は、1853年に南京を占領すると、ここに朝廷と行政府をおいて首都天京とした。洪秀全は明故宮にあった瓦や柱、梁を使って天王府を造営し、高さ6mの黄色の壁を周囲5kmに渡ってめぐらせた（外城太陽城、内城金龍城からなった）。洪秀全は天王府の奥にこもって『聖書』に注釈をつけるなど著述に没頭し、兵士の数倍の給料で一流シェフを雇って美食三昧にふけった。宦官姿の24人の女性が洪秀全の身のまわりの世話をし、ほかにも後宮の美女たちはお香をたいて扇であおぐなど洪秀全のご機嫌

CHINA
江蘇省

をうかがったと伝えられる。この太平天国治下の南京では、女性が自由に外に出歩くことができるなど開放的な面もあったと言われ、天王府から祈祷の合図が出ると、南京中に次々と祈祷の鐘が鳴り響いたという。

西綫 西线 xī xiàn シイシィアン [★☆☆]
総統府の西部は、南京を代表する庭園「煦園」となっていて、明代漢王の花園がおかれ、太平天国時代には西花園と称された。中央の太平湖のほとりに残る石舫は太平天国時代の建物で、洪秀全が謁見に使ったと伝えられる（孫文もここを謁見

の間とした)。また1912年、中華民国の臨時大総統に選ばれた孫文は、煕園にある黄色い洋館(臨時大総統辦公室)で執務をとった。

東綫 东线 dōng xiàn ドンシィアン [★☆☆]
総統府の東部は「复園」と呼ばれ、ちょうど西側の煕園と対峙するかたちになっている。太平天国時代には西花園に対する東花園がおかれ、中国の伝統建築で建てられた陶林二公祠のほか、清の両江総督や太平天国に関する展示が見られる。

CHINA
江蘇省

清代、南京の両江督署

明代、江蘇省、安徽省一帯は南直隷と呼ばれ、その中心に南京応天府が位置した（直隷省、北京順天府と対応する）。1654年、南京を陥落させた清朝は、応天府を江寧府とし、両江総督は南京江寧府に駐在し、その治所が現在の総統府にあった。清代、中国18省のなかで、1省を担当する巡撫、1から複数の省を担当する総督がおかれ、総督では両江総督、湖広総督、両広総督などが知られた。なかでも蘇州の絹、松江の木綿、揚州の塩が産出され、上海の外国人との交渉にもあたる両江総督は直隷総督とならぶ要職となっていた。1872

▲左　清朝、太平天国、中華民国と変遷を重ねてきた。　▲右　太平天国時代、南京は天京と呼ばれていた

年に李鴻章、1895年に張之洞が両江総督についている。

南京で話された下江官話

南京では古くからこの地方の呉方言が話されていたが、呉方言とともに明代から下江官話（江淮官話）と呼ばれる南京語が発達した。北京に準ずる副都南京には六部、都察院などの行政機構がおかれ、各地方から集まった官吏たちは北京語をもとにした「官僚の言葉」官話を話していた（副都南京は万が一のときの官僚機構をもち、崇禎帝が自殺すると南京で南明が樹立された）。このように明清時代の南京は、商人を中

CHINA
江蘇省

心に庶民文化の花開いた蘇州や杭州とは異なる性格をもつ政治都市であった。

Guide, Chang Jiang Lu
長江路城市案内

CHINA
江蘇省

> 総統府を中心に、長江路には
> 中華民国時代の遺構が残る
> 当時の首都南京をしのばせる一角

長江路 长江路 cháng jiāng lù チャンジィアンルウ [★★☆]
新街口の北東を東西に走る長江路。清代から太平天国、中華民国にかけて南京の中心となってきた場所で、現在は長江路歴史文化旅遊街区として整備されている（また古くは六朝時代の宮殿がこのあたりにおかれ、その遺構は街のしたに埋まっている）。総統府や江寧織造府博物館のほか、南京文化芸術中心や南京図書館などの公的施設がならんでいる。

人民大会堂 人民大会堂
rén mín dà huì táng レンミンダアフイタン ［★☆☆］

南京国民政府治下の 1936 年に建てられた人民大会堂。当時の国会議事堂にあたったが、竣工翌年に日本軍の影響下に入った。

江寧織造府博物館 江宁织造府博物馆
jiāng níng zhī zào fǔ bó wù guǎn
ジィアンニンチイザオフウボオウウグゥアン ［★☆☆］

清代、北京の宮廷へおさめる衣料品の製造調達を行なう機関だった江寧織造府。南京では南京雲錦に代表される織物の伝

【地図】長江路

【地図】長江路の [★★★]
- [ ] 総統府 总统府 ゾォントンフウ

【地図】長江路の [★★☆]
- [ ] 長江路 长江路 チャンジィアンルウ
- [ ] 新街口 新街口 シンジエコウ

【地図】長江路の [★☆☆]
- [ ] 人民大会堂 人民大会堂 レンミンダアフイタン
- [ ] 江寧織造府博物館 江宁织造府博物馆 ジィアンニンチイザオフウボオウグゥアン
- [ ] 大行宮 大行宮 ダアシンゴォン
- [ ] 南京図書館新館 南京图书馆新馆 ナンジントゥシュグゥアンシングゥアン
- [ ] 中央飯店 中央饭店 チョンヤンファンディエン
- [ ] 江蘇省美術館 江苏省美术馆 ジィアンスーシェンメイシュウグゥアン
- [ ] 南京1912 南京1912 ナンジンヤオジィウヤオアア
- [ ] 梅園新村紀念館 梅园新村纪念馆 メイユゥエンシンチュンジイニィエングゥアン
- [ ] 毘盧寺 毗卢寺 ピイルウスー
- [ ] 太平路 太平路 タイピンルウ
- [ ] 金陵刻経処 金陵刻经处 ジンリンカアジンチュウ

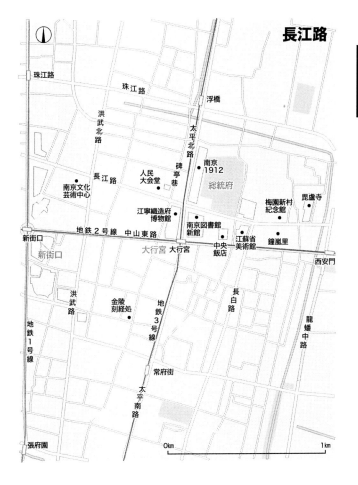

CHINA
江蘇省

統が続き、元代から清代まで皇室用の絹織物が南京で織られていた(マルコ・ポーロも「生糸の生産がすばらしく、各種の金糸織・銀糸織が織造されている」という南京の伝聞情報を記している)。明代、宦官が織造府の職について絶大な権力をにぎり、清代になると織造府は江南の民情を探るための出先機関という一面ももった。『紅楼夢』を記した曹雪芹の曽祖父(漢軍の旗人)は、江寧織造に任命され、その後、3世代4名が織造監督の地位を世襲している。南京の江寧織造は皇室用、蘇州織造は官用、杭州織造は軍や医療といった役割分担があり、南京雲錦は世界無形文化遺産に登録されている。

▲左　長江路付近で見た現代建築。　▲右　巨大な南京図書館新館、地中には六朝の遺構が眠るという

大行宮 大行宮 dà xíng gōng ダアシンゴォン ［★☆☆］

皇帝が旅先などでもうけた仮の宮殿を行宮という。北京の皇帝はしばしば南巡して揚州、蘇州、杭州などをめぐり、江南の食や文化を愛でた。1699年、清朝第4代康熙帝は江寧織造府を行宮とした経緯があり（康熙帝は曹雪芹の曽祖父の妻を乳母とした）、その後、1751年、第6代乾隆帝が大行宮をおいて以来、この地名が定着した。

CHINA
江蘇省

南京図書館新館 南京图书馆新馆
nán jīng tú shū guǎn xīn guǎn
ナンジントゥウシュグゥアンシングゥアン ［★☆☆］

南京に首都がおかれた時代の国立中央図書館を前身とする南京図書館。カーテンウォールでおおわれた巨大建築で、南朝建康の宮城のうえに立つという（地上平面にはられたガラス越しにその遺構を見ることができる）。南京市民の利用する書籍や雑誌のほか、古籍や中華民国時代の文献を収集する。

六朝の建康宮城

南京に都をおいた呉・東晋・宋・斉・梁・陳（3〜6世紀）の宮城は玄武湖の南一帯にあったと考えられている。当時の建康は内城にあたる宮城（台城）と、宮城外の石頭城、西州城、東府城といった要塞から構成されていた。この建康に倭の五王（讃・珍・済・興・武）が、421年から度々使者を送ったことを史書は伝えている。倭国の使者がおもむいた建康には宋・斉・梁といった王朝があり、古代日本とつながりのあった百済も南朝へ使節を送っていた。

江蘇省

中央飯店 中央饭店
zhōng yāng fàn diàn チョンヤンファンディエン [★☆☆]
南京に首都があった中華民国時代以来の伝統をもつ中央飯店。1929年に開館し、その後、いくども修復されて今にいたる。

江蘇省美術館 江苏省美术馆 **jiāng sū shěng měi shù guǎn**
ジィアンスーシェンメイシュウグゥアン [★☆☆]
書画、民間工芸、版画、彫刻のほか油絵や水彩画を収蔵する江蘇省美術館。とくに南京、蘇州、鎮江、揚州といった江

▲左　1936年に建設された人民大会堂。　▲右　江蘇省美術館新館、長江路には公共施設が集中する

南地方で活躍した呉門画派（明代の蘇州で活躍した）、金陵八家（清代初期の南京に拠点とした）や揚州八怪（清代揚州塩商の庇護を受けた）などの作品で知られる。南京国民政府の首都がおかれていた1936年に開館した江蘇省美術館と、2008年に建てられた新館がある。

南京1912 南京1912nán jīng yāo jiǔ yāo èr
ナンジンヤオジィウヤオアア［★☆☆］

総統府のまわりを囲むように広がる南京1912。南京に首都がおかれた中華民国時代の面影を残す建物に、レストランや

江蘇省

バー、ショップが入居する（1912年は清朝に替わって中華民国が南京で樹立された年）。また近くの碑亭巷には、古い街区を利用して生まれ変わった慢生活街区も位置する。

梅園新村紀念館 梅园新村纪念馆
méi yuán xīn cūn jì niàn guǎn
メイユゥエンシンチュンジイニィエングゥアン ［★☆☆］

南京国民政府の政府機関がならぶ一角にひっそりと残る梅園新村。国共内戦（1946〜49年）のさなか、中国共産党の周恩来が国民党との交渉のために拠点を構えたところで、梅園

新村30号に周恩来と妻の鄧穎超、35号に董必武、李維漢らが暮らしていた。周恩来は内戦回避と統一政権樹立のためにぎりぎりまで南京で交渉したが、成功せず、1946年11月に延安にひきあげた。延安に着いた周恩来は、そのまま部屋に戻り、ぐったりしていたという（周恩来は1949年の中華人民共和国成立以後、党の要職をつとめて毛沢東を補佐し、外交の舞台で成果をあげた）。梅園新村紀念館には、国共内戦などの展示がならぶ中共代表団辦事処旧址のほか、周恩来の銅像や周恩来図書館も見られる。また通りをはさんで南向かいには里弄（長屋）の残る鐘嵐里が位置する。

江蘇省

国民政府から中華人民共和国へ

日中戦争のさなか、国民党の首都は南京から重慶に遷され、一方、共産党は延安に根拠地をおくなかで、1945年の終戦を迎えた。アメリカのトルーマン大統領はマーシャルを派遣して国民党と共産党を統一を目指し、蒋介石と毛沢東のあいだで双十協定が結ばれた（重慶で結ばれた両者の合意）。重慶のほか国民党の首都南京や上海にも中国共産党の出張所がもうけられて交渉は続いたが、やがて国共内戦はさけられない状態になった。当初、軍事力、支配領域とも国民党が優勢だったものの、淮海戦役に勝利した共産党軍は、1949年4

▲左　周恩来ゆかりの梅園新村紀念館。　▲右　戦前、日本と交流のあった毘盧寺

月に長江を渡って南京へ入城、蒋介石の国民党は台湾へ渡った。1949年10月1日、毛沢東は北京で中華人民共和国の成立を高らかに宣言した。

毘盧寺 毗卢寺 pí lú sì ピイルウスー ［★☆☆］

総統府から長江路を東に500mほど進んだところに位置する毘盧寺。1884年、南京の太平天国を鎮圧した曽国藩が犠牲になった人々のために建立し、中華民国成立後、仏教の一大中心地となった。この毘盧寺には、1941年、ヒノキでつくられた高さ11mの十一面観音像（当時最大の木造観音）が

CHINA
江蘇省

名古屋から送られ、その返礼に毘盧寺の千手観音像が名古屋に送られた経緯がある（名古屋平和公園の平和堂におさめられた）。当時、日本の傀儡である汪兆銘政権が南京にあり、仏教を通じて友好を結ぶという政治的意図もあったという。毘盧寺は1966年にはじまった文革によって破壊をこうむり、十一面観音像も家具などに転用された。廃寺となっていたこの毘盧寺は1998年に再建され、現在では天王殿、大雄宝殿、観音殿を中心に堂々とした伽藍を見せている。

【MEMO】

**Guide,
Gu Lou**

鼓楼
城市案内

CHINA
江蘇省

鶏籠山は南朝時代から南京を代表する文教地区
梁の武帝によって築かれた同泰寺はじめ
ここに南朝文化の粋があった

鼓楼 鼓楼 gǔ lóu グウロウ ［★★☆］

南京旧城中心北部の丘（鼓楼崗）に立ち、明代の 1382 年に建立された鼓楼。高さ 30m の二層の楼閣には水滴を落として時間をはかる銅壺滴漏が用意され、近くの鐘楼（大鐘亭）の鐘とともに太鼓で南京旧城にときをつげていた。この鼓楼の丘のすぐ東側に五叉路の鼓楼広場が位置し、南の新街口、北東の玄武湖、北西の下関に続く要衝となっている。1966 年にはじまった文革のとき、鼓楼広場は人民広場へと名前を変えるなど、南の新街口とあわせて人々の集まる象徴的な場所でもあった。また戦前、鼓楼のすぐ近くに日本大使館があっ

たことも知られる。

南京地名あれこれ
「大行宮」や「中華門」「鼓楼」といった地名は、南京が中国の伝統を今に伝える街であることを示してる。たとえば鼓楼近くにある「双龍巷」は南朝宋の文帝、明帝ふたりの生誕地であることから名づけられ、「丹鳳街」は南朝宋の文帝皇后生誕の地であるという（「龍」は「皇帝」を、「鳳凰」は「皇后」を意味し、魚市街あたりに六朝時代の宮殿があったと考えられる）。また明から清に時代が遷ると、明故宮に八旗軍

【地図】鼓楼

【地図】鼓楼の ［★★★］
- [ ] 総統府 总统府 ゾォントンフウ

【地図】鼓楼の ［★★☆］
- [ ] 鼓楼 鼓楼 グウロウ
- [ ] 鶏鳴寺 鸡鸣寺 ジイミンスー
- [ ] 長江路 长江路 チャンジィアンルウ
- [ ] 新街口 新街口 シンジエコウ

【地図】鼓楼の ［★☆☆］
- [ ] 紫峰大厦 紫峰大厦 ヅーフェンダアシャア
- [ ] 大鐘亭 大钟亭 ダアチョンティン
- [ ] 北極閣 北极阁 ベイジイガア
- [ ] 南京大学 南京大学 ナンジンダアシュエ
- [ ] 大行宮 大行宫 ダアシンゴォン
- [ ] 江蘇省美術館 江苏省美术馆 ジィアンスーシェンメイシュウグゥアン
- [ ] 南京1912 南京1912 ナンジンヤオジィウヤオアア
- [ ] 中山路 中山路 チョンシャンルウ
- [ ] 徳基広場 德基广场 ダァジイグゥアンチャン

江蘇省

が駐屯したため、周囲には「藍旗街」や「黄旗街」といった清朝八旗軍に由来する地名が残る。

紫峰大廈 紫峰大厦
zǐ fēng dà shà ヅーフェンダアシャア [★☆☆]

鼓楼近くでひときわ高くそびえる地上89階450mの紫峰大廈（緑地中心）。ホテル、レストラン、ショップのほか、会議室が一体となった複合商業施設で、玄武湖や紫金山という南京の美しい風景を周囲にのぞむ。紫峰大廈という名前は「紫金龍騰、瑞聚巔峰」という言葉に由来し、2010年に完成した。

▲左　高さ450m、中国有数の紫峰大廈。　▲右　鼓楼の太鼓と大鐘亭の鐘が時間をつげた

大鐘亭 大钟亭 dà zhōng tíng ダアチョンティン ［★☆☆］

高さ4.27m、重さ23トンの大鐘を中心に楼閣が点在する大鐘亭。明代の1382年、鼓楼とともに建設され、鼓楼近くにある鐘楼の役割を果たしていた（時間を知らせるのに、太鼓と鐘をもちいた）。鐘がはずされていたこともあったが、太平天国の乱以後、光緒年間（1875〜1908年）に再び大鐘はつるされた。

北極閣 北极阁 běi jí gé ベイジイガア ［★☆☆］

鶏籠山に立つ北極閣は、元代の1341年に建設された天文観

CHINA
江蘇省

測所を前身とし、郭守敬（1231〜1316年）の発明した渾天儀などの天文観測器がおかれていた（郭守敬は天体観測を行ない、正確な暦『授時暦』を編纂している）。その後、明の洪武帝時代の1381年に、同じく天文観測を行なう欽定台がおかれた。第3代永楽帝（在位1402〜24年）即位後に明の都は北京へ遷ったが、北京は北に偏っていることから、引き続き南京で観測された時間が公式に使われていた。清代、南巡した皇帝たちも訪れるなど景勝の地として知られ、近代になって天文台の役割は紫金山のものにとって替わられた。

鼓楼城市案内 Lao Nanjing

中国と星座

中国は世界的に知られるギリシャ星座とは別の星座体系をもち、天体の動きは天を司る皇帝の儀式にも大きな影響をあたえてきた。中国の星座の代表的なものに、北の空に座して動かない「北極」を「皇帝（天帝）」に、その周囲をまわる「北斗七星」などの星を「官吏」に見立てるものがあげられる（華北では1年中、北斗七星は地平線に沈まず、7つの星が一定の明るさで輝く。この北斗七星に、南斗六星が対応する）。また天の川をはさんで対峙する「牽牛星」と「織女星」が1年に一度、再会できるといった七夕伝説など、道教や民間信

江蘇省

仰と一体となった体系を育んできた。

咲き誇った南朝文学

438年、南朝宋の文帝がもうけた儒学館はじめ、宮殿北側の鶏籠山は儒学、老荘、史学、文学、仏教などの研究が行なわれる学術拠点となっていた。こうしたなかの487年、南朝斉の竟陵王蕭子良は鶏籠山の西邸に文人たちを集めて、詩文の発表や研究を行なった。このとき集まった「竟陵の八友」のなかにのちの梁の武帝もいて、仏典の漢語訳を通して、中国語のもつ「平」「上」「去」「入」の4つの音の存在が発見さ

▲左　北極閣近くの料理店、漢字がならぶ。　▲右　鶏籠山界隈には今も文教施設が集まる

れた（4世紀ごろから、仏典漢訳のなかで、サンスクリット語と中国語の比較が進んだ）。これらの音を詩文にとり入れることで、美しいリズムや韻を踏む絶句や律詩がつくられ、とくに唐代の文学は洗練されたものとなった。

鶏鳴寺 鸡鸣寺 jī míng sì ジイミンスー ［★★☆］

「南朝四百八十寺、多少の楼台烟雨の中」と杜牧が『江南春』で詠った南朝の仏教文化を代表する同泰寺（鶏鳴寺の前身）。同泰寺は、もともと三国呉の華林園があった地に、527年、梁の武帝の命で創建された。都建康を守護するように宮

CHINA
江蘇省

殿の北側に立ち、6つの大殿堂、九重の仏塔、三層の般若台を擁する中国屈指の仏教寺院と知られていた(北魏洛陽の永寧寺とならび称された)。548年の侯景の乱で消失したのち、1387年、明の洪武帝が再建して鶏鳴寺と名づけられた。現在は鶏籠山の地形にあわせて天王殿、大悲殿、観音宝殿などの伽藍が展開し、北に玄武湖、東に紫金山をのぞむ美しい姿を見せている。鶏鳴山という名前は、南朝斉の武帝がこの地に狩猟で訪れたとき、「鶏が鳴いた」という話からつけられている。

▲左　梁の武帝創建の同泰寺を前身とする鶏鳴寺。　▲右　丘陵に展開する鶏鳴寺の伽藍、南北朝時代の人々は仏教によりどころを求めた

南朝仏教と梁の武帝

梁の武帝（464〜549年）はその50年近い治世のなかで南朝随一の安定した社会をつくり、都建康（南京）には500を超える仏教寺院があったという。梁の武帝は前後4回に渡って皇帝の服をぬぎ、天子の身分を捨て「三宝の奴」となる「捨身」を行なっている。武帝を宮殿に連れ戻すたびに莫大な金額が同泰寺に支払われ、再び宮殿で即位の儀式が行なわれた。529年の大法会では僧俗あわせて5万人をこの地に集めるなど、梁の武帝は仏教に傾倒し、国家財政をかたむける要因となった。

CHINA
江蘇省

臙脂と南北朝統一

548年に起こった候景の乱で梁が滅んだのち、南朝は陳（557〜589年）へと受け継がれた。このころの南北朝は、武力に勝る北朝の力が強くなり、陳は南京を中心とする小さな勢力となっていた。やがて北方から隋軍が攻めてきたとき、陳の後主（皇帝）とふたりの愛妃は同泰寺の臙脂（井戸）に隠れていたが見つかり、ふたりの愛妃は殺害され、後主は隋文帝のもとに送られた。隋による南北朝を統一後、煬帝によって南北大運河が開削されると、南京はそのルートからはずれ、揚州や蘇州といった街が台頭することになった。

▲左　鶏鳴寺の北側に広がる玄武湖、都の水源となった。　▲右　道端で売られていた野菜

南京国子監と官製祠廟群

1368年、南京を首都にして、明朝を樹立した朱元璋は、鶏籠山に国子監をつくって人材をつのった。中国の官吏登用制度は試験で選抜する「科挙」と、教育をほどこす「学校」のふたつがあり、国子監は最高学府の大学だった。南京の国子監は北京遷都後も江南の優れた文化、経典印刷などで知られ、中国のほか日本や琉球からも人材が集まった（鄭成功もここで学んだという）。また朱元璋は鶏籠山南麓に南京十廟と呼ばれる官製の祠廟群を整備し、歴代帝王廟に歴代の帝王17人をまつるなど皇帝権力の強化をはかった。

Guide,
Shi Tou Cheng
石頭城
城市案内

三国呉の孫権が築いたという石頭城の要塞
かつて長江はこの近くを流れていたと言われ
豊かな緑につつまれた清涼山も位置する

南京大学 南京大学
nán jīng dà xué ナンジンダアシュエ ［★☆☆］

清朝末期の1902年に創建された三江師範学堂を前身とする南京大学。その後、金陵大学と合併し、南京国民政府の首都がおかれた1928年には国立中央大学になった（金陵大学は1888年、アメリカのメソジスト教会が設立した匯文書院を母体とする）。1888年に建てられた旧匯文書院、1919年に建てられた北大楼など、屋根瓦を載せるレンガ建築が見られる。1930年、ノーベル賞作家パール・バックは南京で『大地』を執筆し、南京大学で講義をした経緯があり、パール・バッ

【地図】石頭城

【地図】石頭城の [★★☆]
- ☐ 石頭城 石头城 シイトゥチャン
- ☐ 新街口 新街口 シンジエコウ
- ☐ 鼓楼 鼓楼 グウロウ
- ☐ 朝天宮 朝天宮 チャオティエンゴォン

【地図】石頭城の [★☆☆]
- ☐ 南京大学 南京大学 ナンジンダアシュエ
- ☐ 北陰陽営遺跡 北阴阳营遗址 ベイインヤンインイイチイ
- ☐ 清涼寺 清凉寺 チンリィアンスー
- ☐ 日本神社旧址 日本神社旧址 リイベンシェンシェジィウチイ
- ☐ 烏龍潭公園 乌龙潭公园 ウーロンタンゴンユゥエン
- ☐ 中山路 中山路 チョンシャンルウ
- ☐ 石鼓路天主堂 石鼓路天主堂 シイグウルウティエンチュウタン
- ☐ 三山街 三山街 サンシャァンジエ

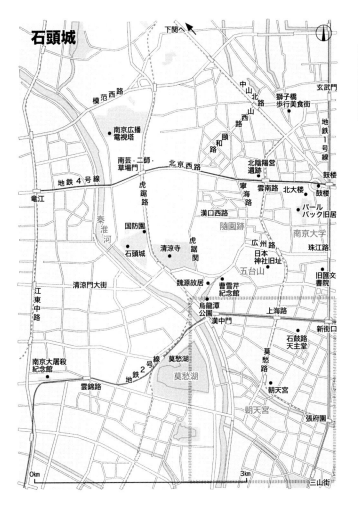

ク旧居も残る。また鶏籠山南の六朝宮殿（3〜6世紀）西郊外にあたる南京大学の敷地から、東晋時代の墓が発見されている。

北陰陽営遺跡 北阴阳营遗址
běi yīn yáng yíng yí zhǐ ベイインヤンインイイチイ[★☆☆]
北陰陽営遺跡は今から6000年ほど前の先史時代の北陰陽営文化と、その後の殷周の影響を受けた湖熟文化の集落跡（南京市江寧区湖熟鎮からつけられている）。これらの文化は南京から鎮江にかけて広く見られたもので、呉越の母体となっ

▲左　林立する高層マンション、都市の再開発も進んだ。　▲右　三国呉の孫権が築いた石頭城の遺跡

たと考えられている。北陰陽営文化では星をまつる礼器「七孔石刀」が確認され、青銅器の使われた湖熟文化と日本へ伝来した水稲文化の共通点も指摘されている。

石頭城 石头城 shí tóu chéng シイトォウチャン ［★★☆］

石頭城は南京黎明期から要害の地と知られ、紀元前333年に楚の威王が、212年に三国呉の孫権がここに要塞をおいた。この地が要衝となったのは石頭城のすぐそばを長江が流れていたためで、諸葛孔明が「鐘阜は竜盤（竜がとぐろをまく）、石頭は虎踞（虎がうずくまる）、真に帝王の宅なり」と南京と

CHINA
江蘇省

石頭城の地形をたたえている。孫権は天然の岩石を利用して要塞を築き、南北3㎞、もっとも高いところで高さ17mになる遺構が残る（3〜6世紀の六朝時代初期、宮城は城壁をもたず、竹垣をめぐらせるだけだった。そのため石頭城など自然の地形を利用した要塞が都の防御拠点となっていた）。この石頭城の東に、軍事をテーマにした国防園が開館している。

孫権と南京の繁栄

三国呉を建国した孫権（182〜252年）の一族は杭州あたりにいた豪族を出身とする。蘇州から、鎮江、南京と西に進出

Lao Nanjing

石頭城城市案内

するなかで、208年、孫権は劉備と同盟を結んで曹操の大軍を破り（「赤壁の戦い」）、やがて229年、魏、蜀とならぶ呉を建国した。三国呉の都は南京におかれ、「業を建てる」建鄴と名づけられた。孫権は玄武湖と秦淮河を連結する運河、南京と蘇州を結ぶ運河「破崗瀆」を開削し、石頭城と南海を往来する船の姿もあったという。南京には南海諸国から香料や真珠、象牙、仏教文化などがもたらされ、南海諸国と南京のつながりはこの地を都とした呉・東晋・宋・斉・梁・陳の六朝時代も続いた（東晋時代、愍帝の諱「司馬鄴」をさけて建鄴から建康へ改名された）。

▲左　多彩な南京の小吃。　▲右　南唐宮廷の離宮がおかれていた清涼寺

清涼寺 清凉寺 qīng liáng sì チンリィアンスー［★☆☆］

清涼山一帯は石頭城とともに南京でも早くから開けた地で、現在は豊かな緑の丘陵上に、禅寺の清涼寺が展開する。古くは五代十国の呉代（902〜937年）、興教寺が創建され、呉に替わった南唐の皇帝はしばしばこの寺を避暑地とした（南唐の宮殿は三山街の北側にあった）。とくに「風流天子」李後主がこの地の風光を好んで翠微亭を建て、行宮をおいたと伝えられる。また南朝を滅ぼした隋（581〜619年）は、南京を荒廃させ、清涼山に蒋州城を築いてこの地の統治にあたった。

【MEMO】

CHINA
江蘇省

風流人袁枚と隨園

詩人袁枚が晩年を過ごし、恭王府とともに『紅楼夢』大観園のモデルとなったという隨園。この隨園の主袁枚は清乾隆帝時代の官吏で、1745年に南京に赴任してきた。もともと清朝織造官隋氏の別荘だったところを、1748年、袁枚が買いとって隨園とあらため、ここで隠遁生活を送った。袁枚は書物を著して収入を得、江南貢院の科挙にあたって受験生に自著を売って金を稼いだともいう（この時代、南京の文化は洗練され、袁枚は隨園先生と呼ばれた）。海産物、川魚、豚肉、鳥類、精進料理、野菜とその調味料、味付け、火加減など

300以上の項目を記した『随園食単』で知られる。随園一帯は中華民国時代に再開発が進んだ。

日本神社旧址 日本神社旧址 rì běn shén shè jiù zhǐ
リイベンシェンシェジィウチイ ［★☆☆］

五台山に残る日本統治時代（1937〜45年）の日本神社旧址。戦前、日本は中国や朝鮮などの占領地に神社を建立し、南京神社は1942年に建てられた。日本の神社の建築様式をもち、現在は遺跡として保護対象になっている。

江蘇省

烏龍潭公園 乌龙潭公园
wū lóng tán gōng yuán ウーロンタンゴンユゥエン[★☆☆]

烏龍潭（湖）は南北に細長く、その姿が杭州西湖に似ていることから南京小西湖にもたとえられる。この湖の周囲に、清末の学者魏源の故居、中国文学の傑作『紅楼夢』を執筆した曹雪芹にまつわる曹雪芹紀念館が位置する（曹雪芹は南京で生まれ育ち、『紅楼夢』の別名『石頭記』『金陵十二釵』は南京の古名や地名からとられている）。登場人物の賈宝玉と林黛玉の銅像が立つ。

**Guide,
Chao Tian Gong**
朝天宮
城市案内

Lao Nanjing

朝天宮城市案内

南京旧城南西に残る朝天宮
また由緒ある教会やモスクも見られ
キリスト教やイスラム教の伝統も続く

漢中路 汉中路 hàn zhōng lù ハンチョンルウ ［★☆☆］
新街口から西に走る漢中路は、南京有数の繁華街。王府大街や上海路、莫愁路と交差し、あたりには大型商店、地元の人が訪れる小規模店などがならぶ。

石鼓路天主堂 石鼓路天主堂 shí gǔ lù tiān zhǔ táng
シイグウルウティエンチュウタン ［★☆☆］
太平天国の滅亡後の 1870 年代に建てられた由緒ある石鼓天主堂。石づくりの西欧ゴシック様式で、こぢんまりとしたたたずまいを見せる。1842 年のアヘン戦争後の南京条約、

【地図】朝天宮

【地図】朝天宮の［★★☆］
- ☐ 朝天宮 朝天宮チャオティエンゴォン
- ☐ 新街口 新街口シンジエコウ
- ☐ 瞻園（太平天国歴史博物館）瞻园チャァンユゥエン

【地図】朝天宮の［★☆☆］
- ☐ 漢中路 汉中路ハンチョンルウ
- ☐ 石鼓路天主堂 石鼓路天主堂 シイグウルウティエンチュウタン
- ☐ 草橋清真寺 草桥清真寺ツァオチャオチンチェンスー
- ☐ 水西門 水西门シュイシイメン
- ☐ 中山路 中山路チョンシャンルウ
- ☐ 三山街 三山街サンシャァンジエ

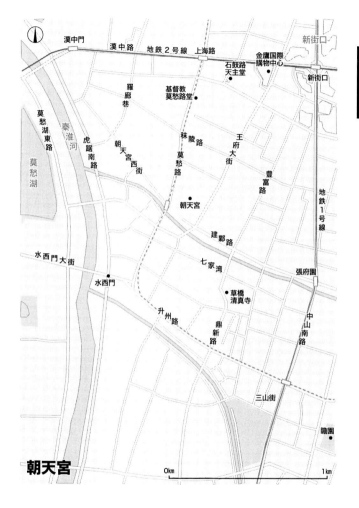

CHINA
江蘇省

1864年の太平天国滅亡を受けて、南京はキリスト教宣教師の進出する拠点となっていた。この石鼓路天主堂の近くには、基督教莫愁路堂も位置する。

南京とキリスト教

「田畑は肥沃で、空気は澄み、人びとは驚くほど有能である。風習は好ましく、言葉は美しい」。中国キリスト教布教で成果をあげたマテオ・リッチは明代の南京についての記録を残している。1599年、マテオ・リッチは悪霊が棲みついて誰も住まなくなった南京の家に暮らし、人々の関心を得た（そ

▲左　屋根に十字架をいただく石鼓路天主堂。　▲右　人や車の行き交う漢中路、旧城西の漢中門へ続く

の後、1601年、北京での居住許可がおりた）。徐光啓は南京の教堂からリッチの著書『天主実義』を借りて読み、洗礼を受けたと言われ、徐光啓ゆかりの教会は上海に残っている。またアヘン戦争以後、多くのキリスト教宣教師が南京を訪れ、ノーベル賞作家パール・バックの家族はそのひとりだった。西欧人の運営するキリスト教会は、南京の中国人にとって避難所にもなり、日中戦争にあたって多くの中国人が教会に庇護を求めた。

CHINA
江蘇省

朝天宮 朝天宫 cháo tiān gōng チャオティエンゴォン [★★☆]
朝天宮は南京有数の伝統をもつ場所で、これまでに宮殿、学校、孔子廟など、さまざまなかたちで利用されてきた。紀元前6世紀(春秋時代)、呉王夫差が刀匠干将のための工房をおき、3世紀の孫権もこの地に冶城を構えて武器をつくったという。宋代以降は国学、宮殿がおかれ、南京を首都とした明初の1385年、「官吏が天子に朝賀する儀礼を習う場所(朝天宮)」になった。その後、清代の1866年に文廟となり、欞星門、孔子像、大成殿、崇聖殿へ続く黄色の屋根瓦をもつ建物の整備が進んだ。現在は南京市博物館として開館し、書画

▲左　孔子のはじめた儒教が王朝統治の基本となった。　▲右　黄金の瑠璃瓦が見える朝天宮

や陶磁器のほか南京にまつわる展示が見られる。

草橋清真寺 草桥清真寺 cǎo qiáo qīng zhēn sì
ツァオチャオチンチェンスー ［★☆☆］

中国の伝統的な建築様式をしたイスラム礼拝堂モスクの草橋清真寺。近くの七家湾は江蘇省でもっともイスラム教徒（回族）が集住する街だったところで、南京の再開発とともに2005年、鼎新路のこの場所に新たに草橋清真寺が建立された。この建物は太平路にあった清真寺の建物をそのまま移築したものだという。

CHINA
江蘇省

七家湾の回族

唐代以来、ペルシャ人やアラブ人などイスラム教徒が中国を訪れ、中国人との混血が進んで回族は形成されていった。南京では宋代から回族が暮らし、明初に首都となって以来、多くの回族が南京に集住するようになった（南京を拠点に航海に出た鄭和も回族で、その別働隊はメッカ巡礼を果たしている）。回族の人々は「豚肉を食さない」「1日5度の礼拝をする」といった独自の信仰体系をもち、南京の七家湾はイスラム学校や食料店、清真料理店が集まっていた。中国を代表するイスラム街七家湾も、20世紀末から再開発が進んだことで様変わりした。

朝天宮城市案内

水西門 水西门 shuǐ xī mén シュイシイメン ［★☆☆］
明清時代、長江からの物資が集まる南京旧城玄関口にあたった水西門。当時の南京港は大勝関（上関）と龍江関（下関）のふたつあり、上新河を通って運ばれてきた物資は水西門に集まった。そのため、この水西門からさらに西の外郭城江東門へ続く一帯に倉庫や茶館が構えられ、多くの商人でにぎわっていた。明清時代、人口の増えた江南は食料生産地から消費地に変わり、湖南省や安徽省の米が南京に運ばれた（「江浙熟せば天下足る」から「湖広熟せば天下足る」へと米の生産地が変化した）。水西門は1955年前後に撤去されている。

秦淮の
ほとりで
生まれた

山水に親しんだ六朝の貴族文化
退廃的ですらある南唐の宮廷文化
また明清時代を代表する小説が南京で生まれた

六朝貴族と山水の芸術

中国が南北にわかれた六朝時代（3～6世紀）、南遷した漢族の貴族と、江南の豊かな自然があわさることで中国史を代表する六朝文化が生まれた。当時、建康と呼ばれた南京の周囲には美しい田園と四季折々の自然が広がり、六朝貴族はこうした自然を芸術や詩文にとりこんで創作を進めた。書を実用から芸術の域にまでひきあげた「書聖」王羲之、山水を描いた顧愷之はいずれも六朝時代に生き、権力から離れて竹林で清談を行なう竹林七賢の生きかたが共感された。六朝文化が貴族文化だと言われるのは、その担い手となった王氏、謝

江蘇省

氏といった門閥貴族が官吏の要職を世襲で独占したためで、彼らは秦淮のほとりの烏衣巷に邸宅を構えたことから烏衣郎と呼ばれた。

南唐と詞、纏足

唐（618～907年）に続く五代十国は分裂状態にあったものの、南京に都をおいた南唐（937～975年）では唐の最盛期を彷彿とさせる宮廷文化が咲き誇った。秦淮河近くにあった南唐の宮廷では、金や玉が集められ、夜、灯火を使わなくても大宝珠だけで明るかったという。芸術を愛した南唐の皇帝

▲左 明清時代を思わせる街並みが続く夫子廟歩行街。 ▲右 夜の新街口、色とりどりのネオンが光る

は、李延珪墨、澄心堂紙など最高品質の文房四宝をもちい、また唐代、音楽から発展した詞の名手でもあった。この南唐の宮廷で生まれたのが纏足で、金蓮台のうえで舞姫睿娘の足をしばって舞わせたことにはじまると言われる（纏足は性的な魅力を増し、以後の女性のたしなみとして清代末期まで続いた）。

明清文学と南京

明清時代の南京は、北京に準ずる政治都市の性格をもち、多くの文人官吏が集まっていた。清代最高の小説『紅楼夢』の

CHINA
江蘇省

著者曹雪芹は、一族が南京江寧織造府の任にあったことから南京で生まれ育ち、江南の庭園や料理を小説に描いた。また『紅楼夢』にならび称され、科挙をめぐるさまざまな人々の顛末を描いた『儒林外史』の著者呉敬梓は安徽省出身で、南京に移住し、南京語の下江官話でこの小説を描いた（南京の江南貢院では、3年に一度、科挙の郷試が行なわれていた）。また明末期に生きた妓女李香君と侯方域の恋を描いた『桃花扇』も南京秦淮を舞台とする。

Lao Nanjing

秦淮のほとりで生まれた

参考文献

───────────────────────────────

『中国遊里空間』（大木康 / 青土社）

『南京物語』（石川忠久 / 集英社）

『南京』（南京日本商工会議所編 / 南京日本商工会議所）

『園林都市』（大室幹雄 / 三省堂）

『中国の歴史散歩 3』（山口修・鈴木啓造 / 山川出版社）

『科挙』（宮崎市定 / 中央公論社）

『六朝貴族制社会の研究』（川勝義雄 / 岩波書店）

『梁の武帝』（森三樹三郎 / 平楽寺書店）

『曹雪芹小伝』（周汝昌 / 汲古書院）

『山根幸夫教授追悼記念論叢』（追悼記念論叢編集委員会 / 汲古書院）

『中国の大航海者・鄭和』（寺田隆信 / 清水書院）

『神の子洪秀全』（ジョナサン・D. スペンス / 慶應義塾大学出版会）

『南京』（楊之水 / 中国建筑工业出版社）

『世界大百科事典』（平凡社）

[PDF] 南京地下鉄路線図 http://machigotopub.com/pdf/nanjingmetro.pdf

まちごとパブリッシングの旅行ガイド

Machigoto INDIA , Machigoto ASIA , Machigoto CHINA

【北インド - まちごとインド】

001 はじめての北インド
002 はじめてのデリー
003 オールド・デリー
004 ニュー・デリー
005 南デリー
012 アーグラ
013 ファテープル・シークリー
014 バラナシ
015 サールナート
022 カージュラホ
032 アムリトサル

【西インド - まちごとインド】

001 はじめてのラジャスタン
002 ジャイプル
003 ジョードプル
004 ジャイサルメール
005 ウダイプル
006 アジメール（プシュカル）
007 ビカネール
008 シェカワティ
011 はじめてのマハラシュトラ
012 ムンバイ
013 プネー
014 アウランガバード
015 エローラ
016 アジャンタ
021 はじめてのグジャラート
022 アーメダバード
023 ヴァドダラー（チャンパネール）
024 ブジ（カッチ地方）

【東インド - まちごとインド】

002 コルカタ
012 ブッダガヤ

【南インド - まちごとインド】

001 はじめてのタミルナードゥ
002 チェンナイ
003 カーンチプラム
004 マハーバリプラム
005 タンジャヴール
006 クンバコナムとカーヴェリー・デルタ
007 ティルチラパッリ
008 マドゥライ
009 ラーメシュワラム
010 カニャークマリ
021 はじめてのケーララ
022 ティルヴァナンタプラム
023 バックウォーター（コッラム〜アラップーザ）
024 コーチ（コーチン）
025 トリシュール

【ネパール - まちごとアジア】

001 はじめてのカトマンズ
002 カトマンズ
003 スワヤンブナート

004 パタン
005 バクタプル
006 ポカラ
007 ルンビニ
008 チトワン国立公園

【バングラデシュ - まちごとアジア】

001 はじめてのバングラデシュ
002 ダッカ
003 バゲルハット（クルナ）
004 シュンドルボン
005 プティア
006 モハスタン（ボグラ）
007 パハルプール

【パキスタン - まちごとアジア】

002 フンザ
003 ギルギット（KKH）
004 ラホール
005 ハラッパ
006 ムルタン

【イラン - まちごとアジア】

001 はじめてのイラン
002 テヘラン
003 イスファハン
004 シーラーズ
005 ペルセポリス
006 パサルガダエ（ナグシェ・ロスタム）
007 ヤズド
008 チョガ・ザンビル（アフヴァーズ）
009 タブリーズ

010 アルダビール

【北京 - まちごとチャイナ】

001 はじめての北京
002 故宮（天安門広場）
003 胡同と旧皇城
004 天壇と旧崇文区
005 瑠璃廠と旧宣武区
006 王府井と市街東部
007 北京動物園と市街西部
008 頤和園と西山
009 盧溝橋と周口店
010 万里の長城と明十三陵

【天津 - まちごとチャイナ】

001 はじめての天津
002 天津市街
003 浜海新区と市街南部
004 薊県と清東陵

【上海 - まちごとチャイナ】

001 はじめての上海
002 浦東新区
003 外灘と南京東路
004 淮海路と市街西部
005 虹口と市街北部
006 上海郊外（龍華・七宝・松江・嘉定）
007 水郷地帯（朱家角・周荘・同里・甪直）

【河北省 - まちごとチャイナ】

001 はじめての河北省
002 石家荘
003 秦皇島
004 承徳
005 張家口
006 保定
007 邯鄲

【山東省 - まちごとチャイナ】

001 はじめての山東省
002 青島
003 煙台
004 臨淄
005 済南
006 泰山
007 曲阜

【江蘇省 - まちごとチャイナ】

001 はじめての江蘇省
002 はじめての蘇州
003 蘇州旧城
004 蘇州郊外と開発区
005 無錫
006 揚州
007 鎮江
008 はじめての南京
009 南京旧城
010 南京紫金山と下関
011 雨花台と南京郊外・開発区
012 徐州

【浙江省 - まちごとチャイナ】

001 はじめての浙江省
002 はじめての杭州
003 西湖と山林杭州
004 杭州旧城と開発区
005 紹興
006 はじめての寧波
007 寧波旧城
008 寧波郊外と開発区
009 普陀山
010 天台山
011 温州

【福建省 - まちごとチャイナ】

001 はじめての福建省
002 はじめての福州
003 福州旧城
004 福州郊外と開発区
005 武夷山
006 泉州
007 廈門
008 客家土楼

【広東省 - まちごとチャイナ】

001 はじめての広東省
002 はじめての広州
003 広州古城
004 天河と広州郊外
005 深圳（深セン）
006 東莞
007 開平（江門）
008 韶関
009 はじめての潮汕

010 潮州
011 汕頭

【遼寧省 - まちごとチャイナ】

001 はじめての遼寧省
002 はじめての大連
003 大連市街
004 旅順
005 金州新区
006 はじめての瀋陽
007 瀋陽故宮と旧市街
008 瀋陽駅と市街地
009 北陵と瀋陽郊外
010 撫順

【重慶 - まちごとチャイナ】

001 はじめての重慶
002 重慶市街
003 三峡下り（重慶〜宜昌）
004 大足

【香港 - まちごとチャイナ】

001 はじめての香港
002 中環と香港島北岸
003 上環と香港島南岸
004 尖沙咀と九龍市街
005 九龍城と九龍郊外
006 新界
007 ランタオ島と島嶼部

【マカオ - まちごとチャイナ】

001 はじめてのマカオ
002 セナド広場とマカオ中心部
003 媽閣廟とマカオ半島南部
004 東望洋山とマカオ半島北部
005 新口岸とタイパ・コロアン

【Juo-Mujin（電子書籍のみ）】

Juo-Mujin 香港縦横無尽
Juo-Mujin 北京縦横無尽
Juo-Mujin 上海縦横無尽
見せよう！デリーでヒンディー語
見せよう！タージマハルでヒンディー語
見せよう！砂漠のラジャスタンでヒンディー語

【自力旅游中国 Tabisuru CHINA】

001 バスに揺られて「自力で長城」
002 バスに揺られて「自力で石家荘」
003 バスに揺られて「自力で承徳」
004 船に揺られて「自力で普陀山」
005 バスに揺られて「自力で天台山」
006 バスに揺られて「自力で秦皇島」
007 バスに揺られて「自力で張家口」
008 バスに揺られて「自力で邯鄲」
009 バスに揺られて「自力で保定」
010 バスに揺られて「自力で清東陵」
011 バスに揺られて「自力で潮州」
012 バスに揺られて「自力で汕頭」
013 バスに揺られて「自力で温州」

【車輪はつばさ】
南インドのアイラヴァテシュワラ寺院には建築本体に車輪がついていて寺院に乗った神さまが人びとの想いを運ぶと言います。

・本書はオンデマンド印刷で作成されています。
・本書の内容に関するご意見、お問い合わせは、発行元の
　まちごとパブリッシング info@machigotopub.com までお願いします。

まちごとチャイナ
江蘇省009南京旧城
　～南中国と「秦淮の世界」[モノクロノートブック版]

2017年11月14日　発行

著　者	「アジア城市（まち）案内」制作委員会
発行者	赤松　耕次
発行所	まちごとパブリッシング株式会社
	〒181-0013　東京都三鷹市下連雀4-4-36
	URL http://www.machigotopub.com/
発売元	株式会社デジタルパブリッシングサービス
	〒162-0812　東京都新宿区西五軒町11-13
	清水ビル3F
印刷・製本	株式会社デジタルパブリッシングサービス
	URL http://www.d-pub.co.jp/

MP131

ISBN978-4-86143-265-1 C0326　　　Printed in Japan
本書の無断複製複写(コピー)は、著作権法上での例外を除き、禁じられています。